꿈이 깃든
별빛

꿈이 깃든 별빛

전윤정 선생님 엮음
강동고등학교 학생들 지음

"누구나 아프고 누구나 꿈을 꾸지.
우린 그걸 모아 별빛을 만들었어."

별처럼 빛나는
열여덟의 아픔과 꿈 이야기

바른북스

프롤로그

> 별빛들이
> 반짝 떠서
> 꿈을 꾸는 곳

    올해는 봄꽃이 참 예뻤습니다. 꽃은 본디 예쁜 것인데, 유독 올해의 꽃이 더 예쁜 것은, 보는 이의 시선이 아름다움을 장착한 덕분입니다. 올해는 봄도 예쁘고 여름도 아름답습니다. 지구를 돌아 지나가는 계절들이 따숩고 고맙기도 합니다.
    강동고등학교에 온 후 지구가 여러 바퀴 돌고 위치도 조금 이동했습니다. 우주는 여전히 멀어지고 있고 저는 행복해졌습니다. 이 학교에 있는 별빛들은 갓 태

어난 별처럼 눈빛이 반짝이고 마음이 햇살처럼 선해서, 선생인 제가 '반짝이다'는 형용사의 의미를 다시 생각해 보게 했습니다. 까르르 와르르 웃음소리도 누가 짜놓은 드라마의 한 장면처럼 너무나 인위적이어서, 여기가 진짜 인간의 세계라는 것을 다시 알았습니다. 정신이 번쩍 들었습니다.

이 학교의 학생들과 선생님은 모두 별빛입니다. 아이들은 선생님을 좋아하고, 선생님도 아이들을 좋아하는 이 공간. 우주에서 몇 안 될 이 인간다운 세계에 발을 디디니 꽃도 예쁘고 운동장도 아름답습니다. 어쩌다 서로가 아프게 부딪혀도 '반짝' 새로운 통찰을 만들어 내는 이곳.

찬사가 지나쳤나요? 말로 설명하기 어려운 긴 이야기를 깊이 고민하고, 오래 이야기하고, 진지하게 성찰하며 한 편의 문장들에 새겨넣는 과정을 지켜본 사람으로서, 저는 이 찬사가 아깝지 않습니다. 예술작품은 완벽해야 아름다운 것이 아니듯 진실하고 치열하게 다듬은 한 편 한 편의 이야기는 아름다운 예술작품입니다. 며칠 만에 뚝딱 만들어진 시가 아니라 다듬고 또 다듬고, 붙이고 또 다듬으며, 학생들이 시를 만들어 내는 과정을 모두 보았으니까요. 저는 아이들이 쓴 노래들 앞에서 홀로라도 하루 종일 박수를 칠 수 있을 것 같습니다.

    이 시집은 강동고등학교 2학년 심화국어 수업에 참여한 학생들의 작품을 모아서 만들었습니다.
    올망졸망한 이파리와 꽃잎이 바람에 흔들리던 날 우리는 운동장으로 나가 '자신과 닮은 사물'을 찾았습니다. 개미, 꽃잎, 떨어진 나무껍질, 주차장 팻말, 계단까지 수많은 무형의 소재들이 시인과 닮은 사물로 살아났습니다.
    기대에 차서 교실 밖을 나온 학생들은 자신과 닮은 사물을 찾아 대화하라는 저의 제안을 듣고 "선생님, 사물이랑 얘기를 하라고요?" 하며 눈을 동그랗게 떴고, 운동장에서 체육 수업을 듣던 친구들에게 사물이랑 대화한다고 놀림을 받았다며 속상해하기도 했습니다. 그렇지만 운동장 곳곳에 흩어져 아무도 발견하지 못한 사물을 발견하고 그 자리에 앉아 사물을 그림으로 살

려낸 뒤, 진지하게 대화문을 썼습니다.

어떤 학생이 '구슬 아이스크림'이라는 제목으로 시를 썼기에 "운동장에 구슬 아이스크림이 어디 있었어?"라고 물어보니, 운동장 인조 잔디 사이 사이를 메우려고 넣어둔 정말 작은, 동그란 입자들이 마치 구슬 아이스크림 같았다는 것이었습니다. "아! 네가 아니었다면 그 알갱이들은 평생 빛을 못 볼뻔했구나."

우리는 대화문을 들고 다시 교실에서 만났습니다. 단 20분을 줄 테니 시를 완성하라는 명령을 내렸지요. 또 눈이 동그래졌습니다.

"20분이요?"

"응. 게다가 20분 뒤에 전시회 열 거야."

"아, 쌤, 진짜!"

진짜로 20분 뒤에 완성한 시를 벽에 붙이고 전시회를 열었습니다. 물론 우리 전시회의 즐거움을 위해 시인 이름은 쓰지 않았지요. 교실 벽에 붙인 시를 감상하며 좋은 시를 찾아 별표를 하도록 했습니다. 놀라운 시들이 발견되었어요(물론 별표가 없어 허전한 작품에 별표를 선물하는 친구들도 있어 마음이 따뜻했습니다).

친구들의 별표를 많이 받은 작품을 골라 제가 읽어주었습니다. "이 훌륭한 시인은 누구신가요?" 하니, 얼굴을 붉히며 손을 드는 위대한 시인! 자연스럽게 박수가 터져 나왔습니다. 전혀 예상하지 못한 친구가 이렇게 위대했다니, 우리는 매 순간 무엇이든 발견하며 살아간다는 걸 또 한 번 배웠습니다.

이번엔 시 쓰기 두 번째 프로젝트입니다. 먼저 자신의 이야기를 짧은 수필로 쓰도록 했습니다. 아픈 가정사와 잊어야 했던 꿈 이야기, 잊고 싶은 기억, 기억하고 싶은 추억을 썼습니다. 그러고 완성한 수필에 등장하는 주어인 '나'를 모두 형광펜으로 칠하고, 그것을 사물로 바꾸어 보도록 했습니다. 우리가 국어 수업 시간에 배웠던 '객관적 상관물'을 직접 써본 것이지요. 그러고는 많은 표현을 객관적 상관물의 '행동'으로 표현하도록 했습니다. '나는 아팠다'가 아니라 '시계가 울었다'로 표현되는 한 편의 시가 탄생한 것이지요. 그래서 학생들의 두 번째 시에는 '나'보다 나의 마음을 대신 표현해주는 사물이 많이 등장합니다.

이제는 엄청난 일이 남아 있습니다. 유명한 시인들

도 두려워한다는 고. 쳐. 쓰. 기. 이 작업에 가장 많은 시간을 들였습니다. 저는 닦달하는 출판사 편집장으로 변신해서 아이들이 완성한 시를 보며 "안 돼. 다시 써."를 연발했습니다. "이건 어디서 들어본 듯한 표현이잖아. 둥실둥실 뭉게구름! 전국의 초딩이 다 쓰는 표현을 우리 ○○가 쓴다고? 아! 절대 안 돼. 다시!" 시 두 편을 완성하는 우리의 프로젝트는 16시간이 넘게 걸리는 대장정이 되었습니다. 저는 학생들이 고쳐 쓴 시를 읽고 또 읽고 의견을 적어주고, 면담했습니다. 그 과정에서 학생들이 꺼내지 못했던 상처와 고민과 갈등을 자연스럽게 알게 되었습니다. 제가 할 수 있는 건 "그랬구나. 우리 친구 많이 힘들었구나." 토닥토닥. 해줄 수 있는 것이 그것뿐이었기에 깊은 미안함이 남습니다.

　우리는 이 글들을 책으로 남겨 세상 밖으로 내놓기로 했습니다. 시집 제목과 표지, 책 전체 콘셉트를 어떻게 할 것인지 모둠별로 회의하고 제작 발표회를 열었습니다. 각자 만든 표지를 친구들 앞에서 발표하며 서로의 발표에 박수를 보내던 모습이 생생하게 떠오릅니다. '다른 친구들은 저런 아이디어를 냈구나!'라고 생각하며 감탄하던 눈빛 또한 참 흐뭇했습니다. 그렇게 해서 채택된 시집 제목이 '꿈이 깃든 별빛'입니다.

학생들과 시집 출판 기념회 회의를 했던 날도 기억납니다. 이렇게 멋진 시집을 만들었는데 그냥 우리끼리만 알고 넘어갈 수는 없지요. 학교에 당당하게 예산을 요청했습니다. "우리 출판 기념회 할 거예요!"라고요.

멋진 출판 기념회가 되려면 수업에 참여했던 90여 명 모두에게 역할이 있어야 했습니다. 그래서 포스터 만들기, 명찰 만들기, 음향 감독 등 짜낼 수 있는 모든 역할을 부여했고 각자의 재능을 뽐냈습니다. 미술 전공 친구는 팸플릿과 현수막, 포스터를 전문 업체보다 더 멋지게 만들었고, 기부팀에서는 기부 상자도 만들고 기부할 단체도 미리 물색해 왔지요. 기획팀 친구들은 선생님과 함께 그 짧은 점심시간에 대형마트에 흩어져 심장이 터질 듯이 뛰어다니며 빠르게 물건을 담아 오는 신기술을 보였습니다.

드디어 출판 기념회 당일.

행사에 어울리는 클럽 사운드에 이끌려 점심을 먹고 배회하던 학생들이 모여들었습니다. 한껏 쌓인 우리의 책을 보여주고, 이벤트에 참여시키고 박작박작 벅찬 한 시간을 보냈습니다. 학생들과 선생님들께서는 기부 팀에게 때로는 큰 금액을 기부해 주시기도 하며 축하해 주셨습니다. 기부금은 학생들이 미리 선정한 기부 단체에 따뜻한 마음을 담아 보냈습니다.

저는 지금도 아침 출근길이 참 좋습니다. '출근길이 좋은 사람이 이 세상에 몇이나 될까?' 생각하며 벅찬 자부심을 느낍니다. 선생님이 잔기침만 콜록 해도 "괜찮으세요?" 걱정해 주는 학교. 재미없는 발표도 지루해하지 않고 들어주는 학교. 시를 쓰자고 하면 진심을 다해 시를 쓰는 학교.
제가 그리던 꿈의 학교입니다.

이렇게 좋은 곳에서,
강동고등학교 국어 교사 전윤정

목차

프롤로그 **별빛들이 반짝 떠서 꿈을 꾸는 곳**

별빛에 꿈을 깃들이기까지의 여정 017

꿈이 깃든 별빛의 눈부신 여행 029

돌멩이의 시련 * 권부성 030
시작 * 권부성 032
봄날의 벚꽃 나무 * 권동욱 033
돌의 날개 * 김다연 034
파도치는 우주 속에서 * 김다연 036
반짝반짝 작은 * 김선재 038
윈터 원더 랜드 * 김선재 039
엘리베이터 * 서은빈 040
주마등 * 서은빈 041
녹음 * 안규리 042
그림 그리기 시간이었다 * 안규리 043
덩굴 * 안정미 044

지네 * 안정미 046
담장 * 이가은 048
눈동자의 끝 * 이가은 050
새장 속 의자 * 이재윤 051
11 * 이재윤 052
그는 겨울을 먹었다 * 이민주 054
나는 너의 꿈 * 이민주 056
비 * 이정민 058
목련 * 이정민 060
꽃 * 조광직 062
빛 * 조광직 063
돌멩이 * 조정우 064
가시밭길 * 조정우 066

비상조명등 * 최지원 068
깍두기가 된 술래 * 최지원 070
조연 * 최영희 072
균형 * 최영희 073
발자국의 눈물 * 추서진 074
위로의 산책길 * 추서진 076
팬지 * 홍재훈 078
지금의 나 * 홍재훈 079
낡아가는 것 * 황해인 080
ㅍㅜㄹ * 황희정 082
바로 그때 * 황희정 084
바퀴 * 강수민 085
파리지옥 * 강수민 086
비와 햇빛 * 강한희 088
다음 주 목요일이 너무 싫다 * 강한희 090
이상한 집 * 권나연 091
멸종 * 권나연 092

작은 공 * 권예은 094
비누 * 권예은 095
서러운 개미 * 김민경 096
최고의 생일 * 김민경 097
게시판 * 김서현 098
한국무용 * 김서현 099
계단 * 김은정 100
눈 * 김은정 101
담벼락 * 김지민 102
우산 * 김지민 103
시가 뭐고 * 김지웅 104
지나간 것 * 김지웅 105
소망 * 김지웅 106
담쟁이덩굴 * 기윤지 107
자동 심장 충격기 * 김진영 108
흉터 * 김진영 109
퍼즐 조각 * 김채현 110
첫사랑 * 김채현 112

쓰레기 같은 인생 * 김채현 113

꽃잎 * 도현지 114

구름이 비가 되어 내리고 * 도현지 115

미아 * 도호준 116

벚꽃 들판 * 도호준 118

세잎클로버 * 박수인 120

가로등 * 박수인 121

잠시 찬란한 * 박예향 122

스쳐 지나가는 * 박예향 124

휴대폰 * 이도현 125

풍선 * 박재환 126

나무 * 박재환 127

벤치 * 박채원 128

엄마 * 박채원 129

물비린내 * 송수현 130

묘비명 * 송수현 131

하얀 신발 * 심승민 132

배수관 * 심승민 134

가로등 * 윤수빈 135

형광펜 * 윤수빈 136

담장 돌멩이 * 이예은 137

할아버지 오토바이 * 이예은 138

지우개 * 최아영 140

초보운전 * 최아영 142

무서운 이야기 * 임성운 143

철쭉 * 장재원 144

목도리 * 장재원 145

쇠별꽃 * 전승빈 146

해파리 * 전승빈 147

바위 * 김민서 148

연어 가족 * 김민서 149

꼬깔콘 * 김지영 150

검은 건물 * 김지영 152

구슬 아이스크림 * 성현주 153

마라샹궈 * 성현주 154

개수대 * 손윤아 156

안경 * 손윤아 158

연필 * 정보석 159

걸바속촉 * 심지연 160

꿀떡꿀떡 * 심지연 161

잡초 * 이상호 162

마지막 정거장 * 이상호 164

공기 * 이상호 166

아이스크림은
기분이 오락가락 * 금송희 167

다시 * 금송희 168
덩굴 * 박가빈 170
지우개 * 박가빈 171
나무껍질 * 지예인 172
행복이의 그림 * 지예인 174
민들레 씨앗 * 김윤하 175
이불 * 김윤하 176
열쇠 * 박민경 178
선 * 박민경 180
중간고사 * 양하은 182
내향인 * 양하은 183
구석 * 윤예지 184
해파리 * 윤예지 186
미개한 것 * 이승주 187
그저 꿈 * 이승주 190

친구에게 배울 점 * 이유단 192
타고난 * 이유단 194
인형 * 이재훈 195
바람 * 이재훈 196
시계 * 이채윤 198
칠판 * 이채윤 199
계단 * 최지수 200
불확실 * 최지수 202
문제집 * 최지원 203
애호박밭 * 추서연 204
덩굴의 잎이라면 * 추서연 206
줄다리기 * 주상민 207
一路 * 주상민 208
滿開 * 주상민 210

에필로그 **불확실한 바다 위에서
기꺼이 자유를 항해하는 해적처럼**
- 송수현(강동고등학교 학생)

별빛에 꿈을
깃들이기까지의
여정

***

안녕? 나는 강동고등학교에 살고 있는 지우개, '지우'야. 필통 속에 숨어서 너희를 지켜보다가 이야기해 줄 것이 있어서 잠시 나왔어. 내가 몰래 사진도 찍어두었거든.
한번 볼래?

기억나? 너희가 시집을 함께 읽고 좋은 시를 서로에게 읽어줄 때 나 몰래 엿듣고 있었어. 아, 어쩜 이렇게 좋은 시를 잘 골랐을까. 감탄하며 듣다가 필통에서 튀어나올 뻔했잖아.

너희가 잔잔한 목소리로 시를 낭송해 줄 때, 눈

감고 가만히 듣고 있으니 정말 행복했어. '우리 반이 뽑은 가장 좋은 시'에 고등학생이 쓴 시도 뽑히고, 함민복, 정호승, 백무산, 이하석, 김용택, 나희덕 시인 등 대단한 시인도 많이 뽑혔잖아? 좋은 시인을 발견할 줄 아는 안목에 또 한 번 놀랐지 뭐야.

나도, 나도 봤어!

난 '지우' 친구 '초록이'야. 난 너희가 시 쓰기 수업을 하려고 운동장에 나왔을 때 몰래 너희 필통으로 숨어서 들어갔어. 너희가 사물과 대화하는 모습이 평화롭고 아름다워 보여서 뭘 하는지 궁금했거든.

내가 사진도 찍어두었는데, 함께 봐도 좋아.

어때? 너희가 시를 구상하는 모습 정말 멋지지 않니?

봄바람을 맞으며 나와 닮은 사물을 찾고 사물과 대화를 나누는 모습이야. 평소와 달리 사색에 빠져 있는 모습이 정말 보기 좋았어.

누구인지 알아보겠어?

평소의 모습과 다르게 진지한 친구들도 많지? 특히 오른쪽 맨 아래에 저 안경 낀 교수님 같은 친구!

누구인지 알아맞혀 봐.

다들 무엇을 보고 무엇과 대화를 나누고 있을까?

나와 닮은 사물을 발견하고 그걸 그림으로 스케치하고 사진도 찍고, 사물과 대화하는 과정이 쉽지 않았을 텐데 집중하는 모습이 참 보기 좋았어.

어떤 반 학생들은 운동장에 옹기종기 모여 앉아 있었는데, 꼭 잔디밭을 데굴데굴 구르는 공처럼 보였지 뭐야.

선생님께서 이 시간만큼은 사람과 대화하지 말고 '사물'과 대화하라고 하셔서 그런지 친구들과 뚝뚝 떨어져 앉은 모습이 무척 귀여웠어.

아래의 사진 좀 봐! 꼭 옹기종기 공들이 모여 있는 것 같지?

그럼, 이제 교실로 들어가 볼까?

교실에서는 운동장에서 사물과 대화 나눈 대화문을 활용해서 시를 쓰고 그걸로 '작은 전시회'를 열었지? 좋은 시에 '별점'도 주고. 나도 다 읽어봤다구. 어쩜 그렇게 멋진 시를 써내는지! 친구들의 시에 감동한 너희의 표정도 멋졌어.

이렇게 쓴 시를 고쳐 쓰고 또 고쳐 쓰고, 선생님께서 "다시 쓰자!" 하실 때마다 창작의 고통을 온몸으로 감내하는 모습이 너무 많이 쓰고 닳아서 지친 내 모습 같았어. 하하. 그래도 끝까지 다시 쓰고 또 다시 쓰는 모습을 보니 대단해 보이더라.

어머, 나 필통에서 자다가 깜짝 놀라서 깼잖아. 뭐, 출판 기념회를 한다고? 우와! 재밌겠다.

이 사진은 팀별로 출판 기념회 아이디어 회의를 하는 장면이야. 표지 디자인부터 시집 제목, 출판 기념회는 어떤 콘셉트로 진행할 것인지. 다양한 아이디어를 마구 뿜어내는 걸 듣고만 있어도 재미있더라고.

너희들의 꿈과 소망이 담긴 시집이라서 그런지 '꿈', '열여덟 살', '성장'을 시집 콘셉트로 잡은 팀들이 많았어.

자, 그럼 여러분의 아이디어 회의에서 어떤 의견이 나왔는지 한번 들어볼까?

팀별 아이디어 회의에 나온 의견을 발표하는 시간이야. 열정적으로 발표하는 모습 좀 봐.

직접 시집 표지를 그리고 그걸 공유하는 시간도 무척 뜻깊었어. 여러분 나이인 '18'이라는 숫자를 눕혀서 표지를 만들기도 하고, '시'라는 글자를 활용하거나 사탕을 먹는 개미를 활용해서 참신한 표지 디자인을 만드는 걸 보고 무척 신기했어.

이 학습지들 기억나(잘 보이지 않아도 괜찮아. 창작의 고통이 떠오를 테니까. 하하)? 너희가 왼쪽 그림의 내 표정처럼 괴로워할 때 나 필통 속에서 혼자 좀 웃었어. 미안.

전윤정 선생님이 다른 선생님께 얘기하는 것도 몰래 들은 적이 있는데, 너희만 알고 있어. 이런 얘기를 하시더라고.

"우리 애들 시 고쳐쓰기 한 학습지 좀 보세요. 시가 한 번 만에 뚝딱 튀어나온 게 아니라 제가 수십 번 다시 쓰게 하고, 못된 스승처럼 아예 다 지우고 처음부터 다시 쓰라고 한 아이도 많았어요. 그런데도 '선생님 어려워요~'라고 우는소리 하는 친구는 있었어도 '안 쓸래요' 하는 아이는 한 명도 없었어요. 고쳐 쓸수록 시가 좋아지고 의미가 깊어지는 걸 보면서 학생들에게 참 많이 배웠답니다. 언젠가 제 책상에 꽂혀 있는 저 시집들처럼 우리 학생들의 시집도 이렇게 유명해질 날이 올 것 같아요."

꿈이 깃든
별빛의
눈부신 여행

***

돌멩이의 시련

권부성

돌멩이가 내 앞을 가로막았을 때
그걸 깨보려고 온몸으로 힘껏 달려보았다

매 순간마다 떨어지는 돌멩이
아픔과 상처를 남았지만
끝내 돌멩이를 이겨냈다

그리고
꽃이 피었다

힘들게 상처받은
나에게 주어진 선물

돌멩이의 시련을 이겨내고

나는
다시 일어섰다

시작

권부성

돌멩이가 땅바닥에 떨어졌을 때
그것은 무거운 시련의 시작이었다

어둠이 눈앞을 가리고
아픔이 몸을 감싸고
그럼에도
포기하지 않았다

지나가는 발자국이 상처를 남기고
갈고리가 아픔을 깊게 파고들어도
돌멩이는 마음속으로 힘을 모았다

돌멩이는 더 이상 땅에 누워 있지 않았다
강인함으로, 미래를 향해 날아올랐다

봄날의 벚꽃 나무

권동욱

우리 학교 건너편 아파트에 벚꽃 나무가 수두룩하게
피었다 봄바람 휘날리며 흩날리는 벚꽃잎

처럼 아름답게 휘날린다

봄이란 계절은 왜 마음을 설레게 할까?
따스한 봄날에 사랑하는 마음을 전하기 위해서일까?

따스한 봄날에 우리 끝없이
함께할 수 있도록 비록 벚꽃잎은 빨리 피고 빨리 질지라도
계절은 변하고 변해도 세월이 흐르고 흘러도
그때 그 봄날 잊지 않고 기억하고 싶다

돌의 날개

김다연

바람에 끌려다니던 돌은
나무 그늘 아래서 쉬어간다

돌은 하늘을 본다
돌은 새를 본다

돌은 생각한다
하늘을 날고 싶다고

바람에 흔들리던 돌은
둥지 속에서 떨어진다

돌은 하늘을 본다
돌은 새를 본다

그리고
돌은
날개를 폈다

파도치는 우주 속에서

김다연

파도에 갇혀
무력한 우주 속에 빠졌다

끊임없이
날 끌어당기는
어둡고 차가운 우주 속에서
나는 꼼짝 없이 가라앉는다

별빛처럼 반짝이며
희미한 빛 줄기가 춤을 춘다

그 빛 사이에서
날 잡아 올린 천사

나의 우주는
푸른색으로 물들어 있다

반짝반짝 작은

김선재

시골 외가댁에서 보던
당신의 눈에 반짝반짝 내려와
금가루를 뿌려주고
환한 꿈속같이 마음을
설레게 하던 별처럼
꽃들은 어둠을 밝히는
아름다운 별똥별

윈터 원더 랜드

김선재

얼어붙은 세상 속에
빛나는 꿈의 공원
윈터 원더 랜드

찬 바람 속에 눈꽃 춤추며
화이트 크리스마스 노래가 울려 퍼지는 곳
얼음 위 스케이트 타며 소리내어 웃음 터지고
온기로 감싸는 따스한 풍경 속
우리 모두 함께하는 곳

윈터 원더 랜드에
온 것을 환영해요

엘리베이터

서은빈

띠링, 1층 입니다

누군가 버튼을 눌러
내면 속 예민함에 불이 켜졌습니다
　　　　　다
　　　　니
　　　갑
　　라
올
언제 멈출까요?
그만 올라가고 싶은데
자꾸만 높은 층을 눌러댑니다

띠링, ○○층입니다

주마등

서은빈

향기가 펼쳐집니다
이마의 틈이 보이는 앞머리
쉽게 상처가 나는 하얀 피부
내려앉은 속눈썹
바람에도 끄떡 않는 가을을 닮은 눈동자
세상을 들고 있던 손가락 마디마디

핑크빛 노을이 배경으로 물드는
흐릿하고 선명한
아릿한 풀 내음
코스모스 위에 웅웅대는 벌 한 마리
따사로운 햇볕이 창가를 관통하는

향기가 다가오면
당신은 내 주마등이 됩니다

녹음

안규리

저녁으로 먹은 빗방울이 아직 소화되지 않았다
먹으면 바삭 소리가 날 것 같은 머리카락을 정돈하고
새들과 바람, 옆집 벚꽃 나무에서 떨어진 꽃잎들을 포용하는
작은 쉼터가 되었다

어느새
모든 벚꽃잎이 떨어지고 새로운 빛이 나타났을 때
우주의 이름 모를 행성 같던 쉼터는 새파란 녹음이 되었다

그림 그리기 시간이었다

안규리

얇은 화선지 위 펼쳐지는 싱그러운 검은색 포도가
한 번의 파도로 무너진다

파도는 나에게 닿아 퍼지기 시작한다
다시는 지워지지 않을 것 같은 검은색 파도는
파도를 만든 조물주에 의해 멈춘다

……멈춰졌을까?

나는 몰랐다
나에게 닿아 퍼진 파도보다
싱그러웠던 검은색 포도가 더 중요했다는 것을

나에게 닿아 더러워진 그 옷이 옷장 깊숙이 들어갔다는 것을

덩굴

안정미

담장에 붙어서 가만히
아주 오래전부터
흩날리는 꽃잎을 바라본다

꽃바람이 날리면
지나가던 꽃잎을 하나씩 잡는다

행복을 물으면 곧바로
대답하지는 못하지만
조용히 가만히 있는 게
행복이라는 너의 말

가장 보고 싶은 게 있다면
편안한 넓은 하늘

높고 푸르른 그 꿈

영원히 한자리에 있게 되더라도

지네

안정미

비명 소리와 함께
온 세상은 진동한다

집을 떠나 흥분한 마음에
지네의 다리도 따라 움직인다
길을 잘못 찾았나 보다

거대한 동굴인가?
그림자가 내 위에서
움찔거린다
버둥거린다

그러다 곧 사라진다

다시는 나타나지 않을게
소리쳐도

비명 소리는 멈추지 않고
지네의 심장은 이제
뛰는 법을 모른다

담장

이가은

온몸에 낙서가 있어도 괜찮다
지키기만 하면 된다
너만 넘어지지 않으면 된다

누군가의 보금자리
견고한 벽이 될 수도
얇은 종이가 될 수도 있다

너는
왜
그렇게도 투박할까

아니,
여태 미련히 살았으니

허물어지고 싶다
나를 옭아매던 것들과
세상의 일부가 되고 싶다

그 말과 함께 그것은 순식간에 녹아내렸고
내 앞에는 깊게 파인 흙뿐이었다.

눈동자의 끝

이가은

수조 속 물범의 입은 웃고 있다
꽉 막힌 사방에서
서로를 마주 보며
물속 그것의 눈에 들어가는 물을 본다
공허함으로 젖은 메마른 눈

거울을 본다
눈동자 속에는 물범이 산다
새벽의 거북한 공기, 비릿한 코끝과 함께
그것은 그것을 본다
물범도 그 물범을 보며

그렇게
3시간
5시간

새장 속 의자

이재윤

하루를 마무리한
누나는 새 한 마리를
업어줍니다
몇 날
며칠
누나는 새 한 마리를
업어줍니다
누나가 없는 날이어도
의자 위에
올라가
업어줄 때까지
기다립니다

11

이재윤

흐리멍텅한 꽃잎이
말합니다
내 이름은 뭘까
나는 자기 이름도 모르는
꽃잎을
바라봅니다
난 누굴까
나는 자기가 누군지도
모르는 꽃잎을
바라봅니다
나는
생각합니다

그리고

조용히

너는

나무 옆 11

조그마한 꽃

그는 겨울을 먹었다

이민주

소나무 열매 송이
솔방울의 메마른 비늘
그 비늘 등 뒤에 납작 배 붙이고
작은 숨죽이고

폭설 오던 날 차 막히던 도로 옆 화단에서
역대 최고 한파라 시끄럽게 웅웅대는
뉴스 소리 그 아래 깊은 곳에서 조용히
어둠에 먹힌 흙 그 아래 깊은 곳에서 조용히
그렇게 돋아났습니다

넓은 잎 계절 활엽수
잎 다 벗고 여름만 바라볼 때
겨울 스며 먹먹한 바늘잎 끝까지 붙들고

까치집 모자 쓰고
두꺼워진 나이테로 겨울바람 먹었습니다

겨울 소나무 그 나이테에는 겨울이 있습니다
1년의 기억이 있습니다

나는 너의 꿈

이민주

학원이 즐비한 무채색 동네
30평짜리 아파트에
무채색의 개미들이 가득 들어차 있습니다
개미들 사이 한 아이가 있습니다
그 아이는 개미가 아니었습니다
무채색이 아니었습니다
하늘을 보면 새하얀 구름 색이 되었습니다
샛노란 민들레를 보면 홀씨가 되었습니다
아이의 눈은 호수
봄비 가득 머금을 땐 여릿한 연둣빛
물기 가득한 반짝임
수많은 색이 제멋대로 뒤섞여 무지개를 만듭니다
아이의 꿈이 반짝입니다
나는 아이의 꿈

아이의 아침, 저녁달, 가로등

아이의 빛

.

.

.

개미가 된 그 아이

그 개미의 가슴에선 내가 반짝입니다

앞으로도 꺼지지 않을 그 미약한 아지랑이

비

이정민

유난히 되는 게 아무것도 없던 날,
자신에게 유독 화풀이하게 된다
자존심 상해
포기하고 싶어져도
내가 이것도 못 하나 하면서
끈질기게 노력한다

내 마음을 아는지 모르는지
구름은 내게 시비를 걸고
눈앞이 먹먹해지기 시작한다

집으로 가는 길,
나 자신에게 화가 나면
눈물부터 흘리는 내가

우산을 푹 눌러쓰고
뚝뚝 흘린다

내가 지나간 곳은
행복해 보인다

목련

이정민

세상이 푸릇푸릇해지기 전
하나씩 떨어뜨립니다

저기 저 구름이 나라면 얼마나 좋을까요
그저 머물다 가면 될걸

땅에 닿자마자 스며들 줄 알았는데
바사삭
하고 부서집니다

백조가 되지 못한 나는
미운 오리 새끼
어쩌면 이번 봄이
마지막인 걸까요

그 누구도 눈길 한번 주지 않습니다
당연하단 듯이

꽃

조광직

나무 철 커버 사이로
꽃 한 송이가 피었습니다

태풍이 와도
눈이 와도
봄이 수십 번 지나가도
꽃은 쓰러지지 않고
조용히 자리를 지킵니다

나는 그 이유가 궁금하여 꽃에게 물었습니다
꽃은 뿌리가 튼튼해서 잘 버틸 수가 있다고 했습니다
또, 꽃은 기초가 잘되어 있으면 고난이 와도 빨리 극복한다
고 알려주었습니다

잘 큰 꽃이 대단해집니다

빛

조광직

어둠 속 엘리베이터 나는 혼자 있다
나는 겁먹은 목소리로 도와달라고
밖에서는 괜찮냐고

희미한 빛이 보일 듯 말듯
날아다니는 먼지는 무섭지도 않은가 보다

잠시 후 땡
어둠이 진다
안도한다

돌멩이

조정우

학교 안 가로수 안에
스쳐 지나가면 볼 수 없는
흙까지 유심히 쳐다봐야 보이는
작은 돌멩이 가족들

많은 수의 대가족이었지만
그중 한 돌멩이를
유심히 바라보자

아주 오래전부터
깊은 잠이 든
커다란

산

절벽

바위까지

고된 삶의
여정이
보인다

번데기가 나비가 되듯
신비롭고 귀한 삶

이렇게 작디작은
돌멩이들이 모여
세상을 이루어 내다니

지금은 작지만
크나큰 대업을 이룬
고귀한 존재다

가시밭길

조정우

고통이다 음악은
연습하지 않으면
반드시 가시밭길

정직한
음악은
말로 한 연습은 진실되게 틀렸음을 들려준다

바보다 음악은
아무리 노력해도
소음뿐이니까

또, 스프링

평생을 노력해도 잠시 쉬면 제자리

고통은 음악이다

비상조명등

최지원

지키고 있다

무엇이
무엇을
어디에서

나서지 않으니까,
켜질 뿐이니까

우리를 보기 위해
더 비추기 위해

꾸벅 조는 것 같았다

"두려워 마. 내가 길을 알려줄 테니."
목이 꺾인 채로 말하는 것 같았다

깍두기가 된 술래

최지원

귀신이야!

보이지 않지만
움직임이 있다

빠르게 쫓아가도
멀어져만 간다

보이지 않는 것일까
빠르게 피해 가는 것일까

정말로 귀신인가

아니다

쫓아가는 소녀다

끝이 없는 술래잡기를
참 간절히도 한다

조연

최영희

사람들이 아무리 밟고 무시해도
나는 그에 맞게 살아갈래요

흔하디흔한 나라서
저기 저 흔치 않은 네잎클로버를
환하게 비춰주기만 할래요

이도 저도 아니지만
행운을 안내해 주는
행복을 제공해 주는

그런 역할이라도 난 괜찮아요

균형

최영희

제겐 네 개의 다리가 있습니다
무거운 짐들이 저를 올라타도
갑자기 쏟아지는 거대한 쓰나미가 와도

저 혼자서는 안 될 일들이
다리들의 도움으로 버텨갑니다

그렇게 시간이 흐르니
다리들도 조금씩 휘청거리기 시작합니다

가벼운 짐들이 저를 올라타도
갑자기 쏟아지는 소나기가 와도
더 이상 지지할 곳이 없습니다

이제 제겐 한 개의 다리가 있습니다

발자국의 눈물

추서진

모래 위에서 많은 이야기를 들려주는 발자국
한 걸음을 딛는다
발자국 속에는 눈물이 담겨 있다

스쳐 지나가는 바람
애써 발자국 쓸어, 그럼에도 눈물자국은
선명해진다

나는 발자국의 눈물에 담긴 이야기를 알고 있다

발자국 옆에는 싱그러운 빛을 품고 있는
거대한 나무 한 그루가 여럿 있다
봄에는 향기로운 냄새를 품은 꽃을 가득 안고
무더운 여름날에는 시원한 그늘이 되어준

가을이 되면 눈물짓는 이들을 위로하고
매서운 겨울바람에도 기죽지 않는

발자국은 그들을 동경의 눈빛으로 쳐다보기만 할 뿐
그 자리 그대로 아무것도 할 수 없다
부끄러움이 뒤섞인 눈물을 흘린다

수없이 눈물 흘렸던 날들이
발자국을 더 단단하게 해주는 거름이 되고
바람에 휩쓸려온 꽃가루가 그 속을 파고들어
자신도 모르는 사이 푸르고 아름다운 꽃을 피워내고 있다는
것을

한 걸음의 발자국이 모여 거대한 나무를 이루는구나

위로의 산책길

추서진

고민을 무작정 꾸역꾸역 집어넣고
움직일 생각 없는 두 다리가 아스팔트 길 위에 서 있다

앞으로 가려 하니
자라고 있는 새싹 밟을까 망설여지고
뒤돌아 돌아가자니
두 다리가 더 망가질 것 같다

굳은 몸을 포근히 감싸는 소리에 고개를 돌린다
흐릿해진 시야에 기차가 선명히 파고든다
어디로 향하는지도 모르는 너를 유심히 바라보며

아무 이유 없이 달리는 묵묵히 자신의 속도로
철로 된 잠수복을 두르고 물살의 저항을 버티는

넓은 푸른 바다 사이를 가로질러

나를 괴롭히던 생각은 연료가 되어 흩날리고
천천히 내려앉는 노을과 함께 떠나는 뒷모습
어두워진 하늘 위에 피어나는 노란 꽃은
내가 피워내야 하는 몫이 되어버렸다

팬지

홍재훈

굽은 줄기에
구불한 휜 하찮은 꽃잎들
그저 익숙함에 지나칠 뿐입니다

비가 온다. 이슬비다
그 얇은 비도
버거워 늘어지는 당신을 보니
당신이 그리 약한 줄 알았더라면,
한 번 더 찾아뵐 걸 후회스럽습니다

당신이 없어지고서야 알게 되었어요
"나를 생각해 주세요."
나를 보고 수없이 외치셨을 그 말,
당신의 꽃말

지금의 나

홍재훈

선풍기에 아-
날개에 흔들리는 목소리에는
방방거리는 즐거움이 얹혀 간다

양옆으로 고개 돌리는
선풍기를 따라간다
시원한 바람을 따라
와다다

그건 단지
다섯 살짜리 아이

선풍기는 고개를 저었고,
가벼운 것들을 날리기만 하였다

낡아가는 것

황해인

먼지가 많이 쌓였네
왜 털어내지 않고 그대로 두는 거야?

그 연약한 입자가
온 힘을 다해
내게 붙어 있잖아
기적 같은 일이지

그렇지만
기적이 너무 흔한걸

너와 내가 만난 것도
하나의 먼지 같은 기적
닦아버리면 넌 깔끔해질 테지

하지만 낡은 모습은 못 될 거야

꼭 그런 모습이 되어야 해?

먼지가 쌓이는 것은 낡아가는 것
그만큼 시간이 흐른다는 것

먼지가 쌓이는 것은 성숙해지는 것
비로소 나이에 어울리는 모습이 되어간다는 것

끝이 없는 여정에
발 디디는 것

오늘도 우리는
하나의 먼지가 되었고

아, 기적 같은 일이네!

ㅍㅜㄹ

황희정

힘들게 올라와 보니
벽돌 틈 사이
아, 잘못 자랐다

구름과 인사하고 참새와 조잘거리다
내 옆으로 떨어진 꽃잎은
마르는 순간까지도 예쁘구나

너를 한참 바라보고
아무리 몸을 흔들어 봐도
변하지 않는 내 모습

다르게 생각해 보면
떨어지지 않아서 좋고

말라가지 않아서 좋다

벽돌 틈 사이에 자란 나는
여리고 억센 풀

바로 그때

황희정

사람들은 말하지
너를 만나기 싫다고
널 만나면 맑은 하늘이 먹구름에 가려져 버린다고

사람들에게 나는 말했지
너를 만나서 좋았다고
널 만나 먹구름은 언젠가 갠다는 것을 알게 되었으니까

오랜 시간 동안 잘못을 깨닫고,
        아픔을 느끼고,
        후회하고 나면

바로 그때가 너와 이별하는 순간
죄책감이 나아지는 순간

바퀴

강수민

그들을 들여다본 적이 있는지

나는 보았다
다 똑같이 생긴 줄만 알았던 그들은
조용히 자신의 이야기들을 드러내고 있다는 것을

무늬 쓰임새
다 다른 그들이
같은 바퀴라는 이유만으로
평화롭게 살고 있는 모습을

나는 그들을 보면서
희망을 가졌다

파리지옥

강수민

다른 애들은 안 그러는데
왜 나만 그럴까

난 파리들을 놓치고 싶지 않아
내 옆에 있게 할 거야

파리들이 아무리 내게서 도망가려고 해도 난
달콤한 향이 있잖아
끈끈한 발이 있잖아

내 옆에 있을 때 좀 아프더라도
날 위해서 참아줄 수 있지 않을까?

아,

파리들에게 상처를 주면 안 되는 건데
나만 생각해선 안 되는 건데

당연한 걸 깨닫고 나서야
떠나가는 파리들을
떠나가게 둘 수 있었다

비와 햇빛

강한희

마냥 햇빛 같은 하루를 지낼 수는 없을까
오늘은 비가 내린다
비가 와서 그런지 생각이 많아진다

내가 뭘 잘못했을까
나를 싫어할까
나는 왜 이렇게 부정적일까
수없이 되뇌다 보니 어느새
내 얼굴에 먹구름이 생겼다

야 너 울었어?
이 한마디에 꾹꾹 참았던 눈물이 벌컥 쏟아진다

따뜻하다

햇빛 같은 존재가
다가와 주어 고맙다

다음 주 목요일이 너무 싫다

강한희

충치가 생겼다
물을 마실 때마다 이가 시린 것을 보니
치카를 열심히 안 했나 보다
예약을 하고 집에 가는 길에
문득 생각한다

주사기로 찌르겠지?
잉잉 갈아내겠지?
아

다음 주 목요일이 너무 싫다
조퇴하지 말까
공부가 하고 싶어진 순간은 처음이다

이상한 집

권나연

책장에 무수하게 쌓인
시 소설 소설 시
편지 시 수필 시
시 소설 시 소설
    돋보기

그곳을 지나 문을 열면
검은 계단이 보이고
계단을 오르면 이상한 집의 주인이 보인다

이상하리만큼 책이 있고
마당에 동상이 있고
화장실이 없는 이상한 집
이상의 집이라서 이상한 집

멸종

권나연

1844년 6월 3일
바다에서 날던 새들이
하늘에서 날게 된 날

그러나 78마리는 육지에
묶여 있습니다

그중 한 마리가
가짜 눈으로 이쪽을 바라보고 있습니다
.
.

공룡은
크아앙 크아앙 크아앙

익룡은

끼에엑 끼에엑 끼에엑

수룡은

읍읍읍읍읍읍읍읍

앗 이런 물에 빠졌잖니 에뛰스깡뜨

에뛰스깡뜨 호호 다음부터 조심하렴

작은 공

권예은

볼펜 안에는 굴러가는 작은 공이 있다
거친 종이 표면과 마찰하며
부드러운 파편을 새긴다
볼펜에서 둥근 것은 당최 찾아볼 수 없는데
작은 너는 오늘도 세상을 굴러가는구나

비누

권예은

단연코 가장 많은 사람들의 손을 잡는 비누지만
꽉 잡으면 불편해
잔뜩 울퉁불퉁해지고 녹아버릴지 몰라
반짝이는 거품이 부드럽고
조용한 물결이 마음을 가볍게 만들어 주는데
넌 꽉 잡고만 있을 거야?

서러운 개미

김민경

개미 뒤를 따라갔다
22시의 서러운 유리창이었다 그 개미는
더 이상 개미가 아니었다

다시 찾으러 갔을 때
그 특이한 개미는
무리 속에서
그저 개미였다

최고의 생일

김민경

화면에서 포도알이 사라진다
동생과 경쟁하며 먹듯이

생일날 찾아온 기회에
마우스는 서울 지하철 노선을 외운다

생일 선물이라 생각하며 열어본 창은
아무도 축하해 주지 않는 텅 빈 박스

나에게조차 망각된
최고의 생일

게시판

김서현

벽 한가운데 붙어 있는 너
요동치지 않고 가만히 서 있지만
하루하루 지워지고 채워진다

아이들의 온기가 담겨 있는 공간에서
너는 전달의 요정
소중한 이야기를 전달하니까

나는 너와 같은 것이고 싶다
바라보고 안내해 주고 싶어
아이들의 새로운 게시판이고 싶어

오늘도 다가가 볼래
게시판 같은 나에게

한국무용

김서현

어릴 적 나는
리듬 속을
뉘누리치며 꽃 피웠지

물결 방울방울
춤췄지

바다의 물결처럼 부드러웠지만
언제나
보이지 않는 힘이 실려 있었어

바다의 깊은 이야기
물결과 한 몸 되어 아름답게 흘러가 버린
나의 부채춤

계단

                    김은정

너는 몸이 엄청 울퉁불퉁하네?

응, 너는 아름다운 빛을 내는 초록색 몸을 가지고 있구나

난 나의 몸이 너무 좋아
하지만 내 몸이 너무 약한 게 싫어
그래서 나는 너의 몸이 너무 부러워
단단하다는 게

눈

김은정

눈 위에서 노는 고양이 가족
마음을 따뜻하게 만드는 고양이 가족

너는 산책 갈 때 "잘 다녀와."라는 말을 듣겠지
저녁을 먹을 때도 온 가족이 같이 먹겠지
잘 때도 엄마 아빠 사이에서 안겨 자겠지

나는 너를 매일 보면서 생각했어

생각하다 보니
어느새 겨울이 지났네

아깝다. 꼭 같이 놀고 싶었는데

담벼락

김지민

넌 너무 꽉 막혔어
넌 내 눈앞을 가로막고
햇빛까지도 가려
게다가 넌 단단해서 부술 수도 없어

너를 넘을 수 있을까

우산

김지민

비가 세상에 놀러 오는 날이면
우산은 비를 맞을 준비를 한다
형형색색의 몸을 펼쳐
몸을 부대끼면
옆에 있는 우산에게 말을 건다

그러나 빗소리에 친구의 목소리는 묻혔고
우산은 쓸쓸했다

그래도 우산을 두드리는 빗방울 인사에
우산은 외롭지 않았다

시가 뭐고*

김지웅

때는 국어 시간
나보고 시를 쓰라 카네
시 그게 뭐고 먹는 거가

점점 마감 시간은 다가오고
재촉이 시작되니 돌아버리겠네
시 그게 뭐고 내가 아는 시라고는
낚시, 메시밖에 없는데

....
* 강금연 외, 「시가 뭐고」(삶창)의 일부를 패러디함.

지나간 것

김지웅

이미 져버린 벚꽃잎에 연연하지 않기로 했다
다시 피어날 벚꽃과의 약속이었다

소망

　　　　　　　　　　김지웅

내 몸이 부서지고 무너져
가루가 되고 싶다
그건 나를 향한 지우개의 사랑이었다

내 몸이 부서지고 무너져
네게 힘이 될 수 있다면
가루가 되어도 좋아
이건 너를 향한 나의 사랑이다

담쟁이덩굴

기윤지

남들이 보기에
너는 참 복잡해 보이지만

나는 그 복잡함 속에서
뻗어나가려는 너의 힘이
참 부러워

자동 심장 충격기

김진영

오늘도 홀로 서 있다
내 앞으로 여러 사람들이 지나간다
나에게 말 한번 걸어주는 사람 없이

남이 필요할 때
돕기 위해 서 있는데

아직까지 필요하지 않은가 보다

내일도 모레도
내년에도 내후년에도

나는 내가 쓰이지 않으면 좋겠다
나를 다급히 찾는 이가 없으면 좋겠다

흉터

김진영

병원에서 치료한
옅은 흉터

엄마가 치료해 주신
짙은 흉터

흉터는 옅을수록 좋다지만
왠지 나는 짙은 흉터가 좋다

퍼즐 조각

김채현

내 옆에
꼭 맞는
조각을 찾고 있다

이거다, 이거야!

맞지도 않는 구멍에 꽉꽉 눌러 끼워
겹겹이 쌓인 빳빳했던 종잇장들은 폴랑거리고
맨 위 장에 그려진 그림은 경계가 희미해졌다

가루 날리는 종잇장을 다시 붙여주면
희미해진 경계를 다시 구분해 주면

그런 사람이 있으면

첫사랑

김채현

누가 그랬던 것 같은데
첫사랑은 처음으로 사랑한 사람이 아니라
가장 사랑하는 사람이라고
그 말이 맞으면
내 첫사랑은 너다

쓰레기 같은 인생

김채현

쓰레기 같은 인생을 살아볼까

아무짝에도 쓸모없는 듯했다가
아무짝에나 쓸모 있어지는

슬퍼하지도
아쉬워하지도 않고
점잖게 다음을 기다리는

쓰레기 같은 인생을 살아야지

꽃잎

도현지

활짝 핀 꽃나무 아래서
웃으며 다가온 너
바람 불 때 떨어지는
꽃잎처럼
너도 그렇게 떨어졌다

구름이 비가 되어 내리고

도현지

수국 닮은 뭉게구름 속
홀로 있는 구름 하나
왜 혼자 있니?
다들 내가 못생겼다고 싫대
난 그저 먹구름일 뿐인데
다들 내가 싫다고 멀리멀리 도망가

미아

도호준

가족과 놀러 갔던 날
즐거울 줄만 알았다

너무 행복했던 것인가
잡고 있던 손을 놓아버렸다

무슨 일이 벌어졌는지 생각하려 했지만
눈에서는 눈물이 멈추지 않았고

엄마아! 아빠아! 죽도록 소리를 질렀지만

불편한 눈빛들이 화살처럼 느껴져
손으로 소리를 막아버렸다

도망가고 또 도망갔다
끝이 있는 도망인가 나는 이렇게
미아가 되는 것인가

"호준아!"
멈추고 고개를 들었을 때
소리를 막던 손을 떼고 달렸다

그렇게 나는
미아에서 도망칠 수 있었다

벚꽃 들판

도호준

예쁜 벚나무 무수히 예쁜 벚꽃들 피었다
휙 바람이 불고
힘없는 벚꽃잎 하나 떨어져 버렸다

톡

떨어진 벚꽃잎은 아직 나무에 있던 벚꽃들을 지켜만 보고
휙 바람이 불고
예쁜 벚꽃잎들은 누구 하나 떨어진 줄 모르고 춤추고 있었다

벚꽃잎 외로워할 때
다시 한번 바람이 불고
예쁜 벚꽃잎 하나

톡

바람이 불고
벚꽃잎들 가득
톡톡톡

벚나무 아래 예쁜 들판이 벌어졌다

세잎클로버

박수인

잎 하나 차이로 사람들에게
사고 팔리는 네잎클로버와 달리

누군가에게 짓밟힐 때도
아무도 시선을 주지 않아도
운동장 한구석에 피어 있어도

행복해요 세잎클로버

가로등

박수인

여느 때와 같이 놀이터 벤치에 앉는다
시간이 늦어도 홀로 빛을 내는 가로등
갑자기 궁금해졌다

오늘의 가로등은 어땠는지
어제보다 더욱 밝았는지 어두웠는지
옆으로 더 기울어지진 않았는지

그러다 가로등이 꺼진다
집에 가야지

잠시 찬란한

박예향

아아. 지금부터 축제를 시작하겠습니다!
번쩍
무대 조명이 켜지고
환한 빛 아래 아이들이
자신의 열정을 쏟아낸다

즐거움과 설렘
관객의 환호 속에서
조명은 따뜻해지기도 쓸쓸해지기도
화려해지기도 하며
축제의 마무리로 달려간다

탁
으악!

순간 암흑이 되고
'제발 켜져라 제발…!'
조명의 처절한 혼잣말

탁
불이 켜지자
아, 꿈이었구나

스쳐 지나가는

박예향

왜 여기 서 있나
많은 사람들 속에서
투명하게
뭐 하나 하지 못하고

사랑, 미안함, 고마움
인연이 이어질 수 있는데

다들 그냥 지나쳐가

불안하고 혼란스러운 세상 속
타인과의 인연이 사소하다고,
당연하다고 생각하는 걸까

휴대폰

이도현

없으면 안 되잖아
나한텐
네가 그래

풍선

박재환

풍선은 쉽게 잘 터진다
내 사랑도 잘 터진다

나는 사랑을 잘해보려고 해도
마음처럼 잘되지 않는다

풍선이 날아가기 전에
풍선을 잡고 싶다

나무

박재환

아무도 관심을 가지진 않지만
쓸 데가 많다
더울 때 그늘을 주고
공기를 좋게 만들고
외로운 사람 옆에 있어 주면서
외로움을 달래주기 때문에
그래서
존재
하는 것

벤치

박채원

비가 온 뒤의 벤치에는
아무도 앉지 않는다
그럼 내가 앉아주지!
하핫! 엉덩이 차가워!
(벤치는 당황했다)
야! 옷 다 젖잖아!
해맑게
젖은 옷은 벗으면 그만이라고 했다
해맑음이
벤치의 물기를 말렸다

엄마

박채원

나무가 서 있다
그 나무 밑에 씨앗이 자라면
여러 갈래의 넝쿨이
나무를 감쌀 것이다
자라나는 서툰 씨앗은
나무를 옥죄고
상처를 낸다
나무의 상처가
짓무르는 줄도 모르고
씨앗은 더 크게,
더 건강하게
자라간다
나무는 가만히 있는다
계속, 자라는 씨앗을 보면서
가만히 있을 것이다

물비린내

송수현

비가 왔다
그걸 하수구가 꾸역꾸역 삼켰다
얼마 못 가 다 뱉어버려
물비린내만 남았다

청소를 해도, 향수를 뿌려도
냄새가 섞여서 썩은 내만 계속

묘비명

송수현

주인공이 있다
죽음만이 결말인 소설 속에서
여러 겹 벽을 깨부수고
땅속에 기어 들어가 눕는다
돌에 쓰인 한마디
'날자 날자 다시 한번 날아보자꾸나'

하얀 신발

심승민

하얀 신발은 언제부턴가
너와 함께

너는 얼떨결에
하얀 신발과 함께

너에게는 그저 수많은 신발 중 하나
하얀 신발에게는 한 명의 인간 중 하나

어느 날, 너는 신발이 불편했는지
신발장 구석에 두어버렸다

너는 수많은 인간 속으로 사라져 버렸다.

네가 생일날 받은 그 신발이
너에게는 별로 맞지 않은 것처럼
.
.
.
.
.
그날은, 체육대회였다

배수관

심승민

건물을 홀로 껴안고 있는
평소에는 그렇게나 조용한
우리가 보는 건 단지 네 뒤의 거대한 타인

건물과 함께 붙어 있는
비 오는 날에는 그렇게나 환호성을 지르는 너

알 수 있었다

그제서야, 네가 기뻐하는 모습을
그제서야, 네가 어느 것보다 찬란하다는 것을

가로등

윤수빈

휴일
가로등이랑
새벽까지 깨어 있다가
아침에 잠을 잤다

형광펜

윤수빈

백지에
너에게 받았던 인사와
    받았던 웃음과
    받았던 눈물을 썼다

잊고 싶지 않은 부분에
형광펜을 칠했다

색지가 됐다

담장 돌멩이

이예은

돌 돌 돌 돌 돌 돌 돌 돌
 돌 돌 돌 돌 돌 돌 돌 돌
돌 돌 돌 돌 돌 돌 돌 돌
 돌 돌 돌 돌 돌 돌 돌 돌

돌멩이
담장 돌멩이

그 모습
우리 같아서
눈물겹다

할아버지 오토바이

이예은

거북이의 오토바이
날 태우고
기억 속 어디든 데려다주네

어느 날
호랑이 자동차를
탄 누구를 보고야 말았다

거북이를 부끄러워하고
땅만 데려다주는 호랑이를 부러워했다

그때부터 타지 않은 거북이 오토바이
작년부터 영원히 타지 못할
외로운 등딱지만 기억난다

정말 부끄러운 일을 남겼다

지우개

최아영

이 삼은 육
이 사 팔
이 오 십이

어 또 틀렸다
지우개의 눈치를 본다
야 또 틀렸어?
한숨

그래도 순순히
종이와 불타
재가 될 준비를 한다

잔뜩 그을린

까무잡잡한 몸이 되어
웃어준다

초보운전

최아영

저도 제가 무서워요
함께 달리니
든든하네요

저도 앞으로 갈래요
시동 걸리면
나만의 속도
앞으로 직진

아아 저도 알아요
고함치는 소리
손이 떨려도
언젠가는 무의식으로
달릴 거예요

무서운 이야기

임성운

뭔가 무섭게 느껴진다
개가. 나타났다
도망가자!
무서워서
도망갔더니
결국
물렸다
119에 실려 갔다.

철쭉

장재원

매년 지각으로 시작하는 인생
벚꽃이 커플에게 뛰어들 때도
나는 벚꽃과 함께 가지 못했다
앞서가는 꽃들을 바라보며
매년 다짐하는 한마디
내년부터는 꼭 일찍 와야지

목도리

장재원

나는 항상
눈사람을 따뜻하게 감싸주고
눈사람을 예쁘게 꾸며주었다
나는 내가 눈사람에게 꼭 필요한 존재인 줄 알았다
눈사람이 봄에게 살해당할 때
봄을 도와주고 있다는 사실도 모른 채

쇠별꽃

전승빈

아직 더운 바람이 오지 못한 밤

별이 동동 떠 있는 밤하늘을 보고 누우면
저 별들과 나란히 누워 있는 기분이었다

"별님, 제 소원을 들어주세요."

어릴 적 순수한 마음으로 빌었던 소원을
가만히 들어주던 별들은
내가 잠이 들 때까지 옆에 머무르다
밝은 햇살을 남기고 떠나갔다

반짝거리진 않아도 사랑을 담은
그런 너도 내 별님을 닮았다

해파리

전승빈

파도는 왜 끝없이 달려갈까
무엇을 원해서 땅을 향해 저렇게까지 달릴까

바다에 가만히 누워 생각해 보았다
누군가 휩쓰는 대로 끌려갈 뿐인 나는
파도가 가진 열정을 이해할 수 없었다

언젠가는 나도 저런 열정을 가질 수 있을까
세차게 몰아치는 파도가 될 수 있을까

바위

김민서

단단한 바위는
묵묵히 한자리를 지키고 있습니다.

오랜 주변 친구 하나 없는데
홀로 이 자리를 얼마나 지켜온 건지

엉덩이 밑바닥 색이 다 바랠 정도로
무엇을 기다리는 걸까

연어 가족

김민서

오랜 시간 헤엄쳐 도착한 그곳
초록빛 세상 눈앞에 펼쳐지면

조개도 잡아먹고
미역도 구경하고

그제야 따뜻한 꿈 꾸는 연어 가족
또 하나의 소중한 추억

꼬깔콘

김지영

매일매일 같은 위치에
우두커니 혼자 서 있다

비가 와도 바람이 불어도
항상 그 자리에

누군가가 나를 불러주길
기다리는 시간들

무언가를 지키며 서 있던
외로웠던 순간들

혼자 있는 게 익숙해진 나여도
누군가를 위해 내가 쓰인다는 건

어쩌면 좋은 것이 아닐까
오늘도 혼자 서서 생각해 본다

검은 건물

김지영

난 오늘도 검은 건물을 향한다
건물 안에 들어서니 막막해지는 눈앞

문을 여니 풍기는 문제집 종이 냄새
칠판 위 어질어질 적힌 숫자들

두터운 수학 문제집을 들고 모여 앉은 덩어리들
난 여전히 까만데 모두가 새하얘 보인다

이 답이 아니라며 내게 버럭 소리치는 검은 그림자
나는 또 얼룩이 졌다

지우개 가루 같은 눈물이 똑똑 떨어진다
오늘도 다 지워버리고 싶다

구슬 아이스크림

성현주

동그랗다
하지만 더럽다

동그랗다
구슬 아이스크림같이

운동장에 널브러져 있는
네가

무슨 용도인지 알 수 없는
네가

동그란 네가
구슬 아이스크림같이
달콤하다고 말해줘야지

마라샹궈

성현주

청경채와 분모자와 중국 당면이
진정한 마라샹궈가 되기 위해 여행을 떠난다

아침 일찍 물에 데쳐 출발해
많은 재료 속 선택되길 기다린다

낮 3시가 되도록 선택되지 못했다

포기하지 않았다

저녁 7시 누군가 청경채를 선택한다
드디어 마라샹궈가 될 수 있는 건가?

분모자와 중국당면도 선택된다

같이 마라샹궈가 될 수 있는 건가?

"마라샹궈로 부탁드려요!"
설렜다

개수대

손윤아

너와 나는 어디가 닮았을까?
나는 곰곰이 생각해 보았다
너의 외모 행동 모습…?
도무지 생각이 안 난다

그래서 나는 너에게 물었다
너와 나는 어느 부분이 닮았어?
너는 잠시 생각하더니 말한다
음…. 쓸모 있는 존재!

쓸모 있는 존재?
많은 생각을 해보아도
도무지 떠오르지 않는다

그래서 나는 다시 너에게 물었다
"쓸모 있는 존재가 뭐야?"
개수대는 말했다

.

.

.

안경

손윤아

내가 없으면 친구는 성질을 낸다
아이씨
뭐야
어디 갔어
내가 길을 잃어버렸을 때
친구는 날 찾으려고 애쓴다

친구가 날 찾았을 때
친구가 내가 알아듣지 못할 말들을 내뱉었다
앗싸 ;!3!29--$¥&&-&
위잉웨에&₩&@-&&ha
허어어~?……
괴상한 춤을 추며 웃는 친구가 너무 웃겼다
나도 자연스레 웃음이 났다
히힛

연필

정보석

연필은 사람한테서 버려졌다
그래도
튼튼하고
용감하다

겉바속촉

심지연

끝도 없이 모험하던
얇은 꽃잎이 손 흔들고
돌 사이에 왜 힘겹게
끼여 있는지 물었다
재채기 나게 하던 넌
딱딱한
이 벽이 나의 뿌리
깊
은
마음을 보호해 준다고
속삭였다

꿀떡꿀떡

심지연

꿀떡은 말랑말랑하고
달콤하다
하지만 서로 미끄러지기도 한다
결코 꿀떡은
꿀떡꿀떡 넘길 수 없다

잡초

이상호

길을 걷다가
길가를 문득 보는데

포장되어 있는 도로
보도블록 틈 사이로

혼자
유일하게
우뚝 솟은
잡초를 보았다

솟아오르는 것에 필사적이었겠지
먼 하늘의 따스한 햇빛과 비를 원동력으로

하늘로 향해가려는 잡초
세찬 바람에도 쓰러지지 않는 잡초를 보며

우리가
생각났다

마지막 정거장

이상호

하늘을 날아가는 하나의 비행기
십여 년의 세월을 끊임없이
날아오르는 작은 비행기

하나의 이정표를 따라서
우리들의 마지막 정거장에
내려온다

흐물거리는 종이에는
여러 개의 고난을 겪은
스크래치들이 남아 있다

이제 앞으로 갈 시간이야
라고 말할 때

아무것도 적히지 않은
이정표를 걷어낸다

이제 백지를 향해 날아갈 시간이다
바람을 딛고 떠오르는 자신은
언제까지 날아갈 수 있을지 모르지만

보이지 않는 꿈을 싣고서는
보이지 않는 항해를 하는
나는
하나의 종이비행기

공기

이상호

늘 보이지 않는 것들이 있다
보이지 않으면서도
누군가에게는 도움이 되는 존재

자유롭게 돌아다니고
어울리지 않으려는 존재는
모두가 눈치채지 않는 광경에도

자신의 여정을 묵묵히 떠난다
외로운 여정을 떠나는 공기들은
묵묵히 하늘로 날아올랐다

아이스크림은 기분이 오락가락

금송희

학교가 끝난 돌맹이는 아이스크림을 먹었다
맛있는 걸 먹으니 기분이 좋아진다

갑자기

생각이 떠오른
돌맹이는
기분이 다시 딱딱해졌다

시험이 며칠 안 남았네

다시

금송희

꽃이 너의 미소처럼 피어나
개미 떼와 함께 봄을 알리다

너는 오직 봄날에만 만날 수 있는 걸까
여름, 가을, 겨울 긴 시간을 지나
다시 찾아온 봄

너와 나는 잠시 동안의 만남일지라도
사계절 속에서 소중한 순간을 새기는
지금 이 봄의 기억

우리의 시간은 계속 이어지니깐
우리의 만남은 또 다른 시작을 의미하니깐
언제나 너를 기다리는 봄이 있으니깐

떠나야 할 때 떠나
네가 원하는 만큼 오래 머물러 있어

덩굴

박가빈

학교를 둘러보다가
담장에서 덩굴을 보았다
덩굴은 힘이 없어서
단단한 벽에 의지해 살아가고 있었다

끝없이 이어지는 덩굴은
덩굴만의 길을 개척해 나가는 듯했다

우리도 덩굴처럼
함께 기둥이 되어 지탱하며 살아간다
언젠가는 우리의 삶이
빛날 순간이 올 거다

덩굴 사이로 햇살이
스며들 때가 있듯이

지우개

박가빈

끝이 뭉뚝한 너의 모습이 좋아
부드러운 너의 끝을 가볍게 문지르면

쓱, 쓰-윽

나의 실수들이 사라져

흰 종이 위에서 봄바람을 타고
날아다니는 씨앗 같은 너

너는 나에게 새로운 모험의 문을 열어주는
문지기

나무껍질

지예인

나무에서 간신히 버티고 있던
나무껍질이 떨어졌다
툭
나무에서 떨어진 나무껍질을
돌멩이들이 구경하러 왔다

다시 올라가고 싶은 나무

너무 높잖아

주변에는 같은 나무껍질들이 떨어져 있었다

아, 그래! 나무로 돌아갈 순 없지만
우리는 새로운 나무가 될 수 있어

돌맹이들이 나무껍질들을 모아준다
나무로 돌아가고 싶었던 나무껍질들은
이제 새로운 나무를 만들었다

행복이의 그림

지예인

행복이는 그림을 좋아해
그림 그릴 때 제일 행복하거든!

어? 그런데 자꾸 사람들이 비교하네
행복이랑 친구 그림을 비교해!
친구는 칭찬받는데
행복이는 못 받았어

행복이도 칭찬받고 싶어
비교당하는 거 싫어!

행복이를 제일 행복하게
만들어 주는 그림이
행복이를 제일 괴롭히는 것으로
변하지 않게

민들레 씨앗

김윤하

바람에 날려 도착한
캄캄한 곳

이쪽저쪽 모인 친구들을
머엉하니 바라본다

따끈한 햇빛 속에서 들려오는
병아리가 삐약거리는 것 같은 웃음소리

축축한 흙 속에서
하늘을 바라보고

민들레 씨앗
날릴 준비를 한다

이불

김윤하

무엇 때문인지 모르겠지만
엄마한테 혼이 났다

화가 나고 눈물이 나던 이불은
온몸을 비틀며 먼지를 털어냈다

방 안 가득한 먼지에 이불은
펄럭펄럭거리며 눈물을 글썽였다

이불은 침대 위에 누워
한-참 생각에 잠겼다

그리곤 침대에서 일어나
사뿐사뿐 천천히 엄마에게 다가갔다

망설-이다가
엄마를 따뜻하게 안아주었다

열쇠

박민경

자물쇠 구멍에 쑥 들어간다
따르-륵
열리지 않는 소리

계속 시도해 본다
왜 난 여기에 맞지 않는 걸까?

끊임없이 고민하고
포기하려던 순간

방향을 틀어본다
순간

뜨르르륵 딱

드디어 열렸다!

한 가지만이
길이 아니었다

선

박민경

미로처럼 이어지는 하얀
A4용지처럼 아무것도 없는 빈
개미군단처럼 이어져 있는

호루라기 소리 '삐삐삑' 울리는 순간
"이야", "윽", "우다타탁"

아, 일을 해야 해
여전히
반듯한
자처럼
일정하게

내 몸 없어질 때까지

자리를 지킨다

중간고사

양하은

거대한 산이 다가온다
숨이 턱 막히고 불안감이 몰려오는
시   험
숙제가 점점 쌓이고 진도가 점점 밀린다
열심히 하고 있는데
나만 멈춰진 기분
남들도 나처럼 힘들겠지
나와 똑같은 생각을 하겠지
조금만 더 버티자며
오늘도 녹아가는 나를 위로한다

내향인

양하은

바위 주변에는 다양한 생물들이 있다
벌레랑, 떨어진 낙엽들이랑, 꽃이랑, 나무
시끄러운 주변에 비해 조용한 너는
쳇바퀴 같은 세상 속
묵묵하고 조용하게 살아가는 나 같다

구석

윤예지

운동장 구석
조용한 화단에는
키 작은 나무가 있습니다

눈길 하나 받지 못하고
저기 키 큰 나무에
예쁜 꽃에
묻혀버렸지만

살며시 내려온 햇살과
부지런히 오가는 개미들과
운동장을 뛰어다니는
웃음소리가 있으니까

운동장 구석

학교가 잘 보이는 화단에서 나무는

오늘도 시끌벅적한 하루를 기대합니다

해파리

윤예지

해파리는
윤슬이 되고 싶었대

눈부신 풍경 속에 녹아드는
반짝임이 부러워서
제 몸을 깨트려
찬란하게 빛나는 물결이 되고 싶었대

하지만 어느 순간부터
그럴 필요가 있을까, 라고

지금 이대로도
나는
하나뿐인 풍경 속 해파리인데

미개한 것

이승주

우리는 미개하다

온 세상 모든 것을 채워도 채워지지 않을 우주에 비하면
우리는 참 미개하지

어느 유명인은 말한다
우리가 미개하니, 그러니 우리 삶은 더 소중해진다고
그 말에 대충 위안을 삼고
텅-빈 내 마음에 산소 호흡기를 달아놓은 것처럼
그렇게 하루하루를 버틴다

22시간 동안 쌓인 내 몸 위에 두꺼운 먼지들을 벅벅 씻어내
려 화장실로 향했다

-, -
소리 없이 날아다니는 초파리

이 벽 붙었다
한숨 쉬고,
저 벽 붙었다
두 숨 쉬고,
지랄 맞게 날아다니는 초파리

쾅!
내리쳤다

초파리는 도망갔다
두 번은 잡히지 않으려고 아까보다 더---- 지랄 맞게 움직이는
이제는 더 이상 벽에 붙어 있지도 않고 벽에 머리를 계속 처박는다

놓쳤다는 사실이 미치도록 화가 났다

온몸이 승부욕과 분노와, 이씨---!

쾅!

초파리는 짓눌렸다

손을 몇 번이고 벅벅,
비누로도 벅벅 씻었다
불쾌하다 혐오스러워

미개한 내가, 미개한 것을
내가 감히 걔를 죽였다
우리는 다 미개한 것들인데,
나까짓 게

그저 꿈

이승주

따가운 햇빛이 내 등을 바삭하게 구운 날
비를 뿌릴 것만 같은 흐린 구름들이 내 등을 차갑게 식힌 날
그런 날,
그 어떤 날이라도
나는 내 친구들과 함께 있다

내 몸에 비해 10,000배는 되는 것 같은 아주아주 크은 발이
내 온몸을 감싸
날 꾸우욱 짓눌러도
그게 너무너무 아파 눈물이 찔끔 나도
내 친구들은 이 자리 그대로
있어야 할 곳에 그대로 있어 준다

내 초록빛 몸이

온 세상 열정과 땀으로 탁해져도
동글동글한 내 모습이
울퉁불퉁해져도
나 하나쯤이야 괜찮다
그런 순간에도 친구들은 변함없으니까

그러던 어느 날,
아주 큰 꿈이 생겼다
진짜 넓은 바다로 가보고 싶었다
그곳에 나는 마음껏 둥둥 떠다닐 텐데
내 등을 바삭하게 하는 따가운 햇빛이 아니라
차갑고 보드라운 바다로
그곳으로

친구에게 배울 점

이유단

내 친구
어딜 가든 인기가 많다
학교에서도 모든 아이들이 애를 찾는다
이토록 인기가 많은 이유는 뭘까 생각해 보니
애는 말이 없다
그저 묵묵히 들어줄 뿐
요즘처럼 할 말 많은 세상에
무수한 말들을 그저 들어주는
그래서 인기가 많은가 보다
나는 그게 잘 안된다
하고픈 말이 너무 많아서
내 말하기 바쁘다
이 친구랑 있다 보면
한 번씩 생각하게 된다

나도 이렇게 들어야지
나도 이렇게 잘 들어주어야지
오늘도 난 나무 의자에 앉아 있다

타고난

이유단

얇은 굵은 낮은 높은
남자 여자 늙은 젊은
바꿀 수 있는 부분이 있고
바꿀 수 없는 부분이 있다
얇은지 굵은지
여자인지 남자인지
섞였는지 이도 저도 아닌지
바꿀 수 없는 내
목소리

인형

이재훈

내 친구가 나를 보면서 운다
그리고 끌어안는다

괜찮아 괜찮아
친구의 눈물이 내 플라스틱 눈 위로 떨어진다

오늘 밤은 나랑 같이 자자
오늘은 검은색 꿈을 꾸길 바라
내일 또 놀자

바람

이재훈

난 바람이 되고 싶다
자유롭게 날아가고 싶어서

아무 걱정 없이 살고 싶어
바람이 내게 와 말을 건다

날아갈 수 있다고
넌 할 수 있다고

용기를 내어 뛰었다
날아올랐다
자유롭게
원하는 곳으로

꿈이었다

꿈이었는데

마음속 바람이 용기를 주는 것 같았다

이제는 날 수 있을 것 같다

시계

이채윤

학교 벽면에 붙은 시계
아무도 관심이 없다

얘들아 종 친다 가자

그제야 한 번쯤 바라보는 시계

무엇을 위해 달리는 걸까
이 시계는

칠판

이채윤

모두가 집에 가고
교실에는 나와 칠판 지우개만 남았다

오늘은 칠판을 염색해 주는 날
나와 친구 열심히 칠판을 염색해 주었다

"이게 뭐야! 너무 붉잖아! 예쁘게 해준다며."
"내가 처음부터 염색하지 말랬지, 어휴 내가 지워줄게."

원래 색으로 다시 돌아간 칠판
대신 붉은 색으로 염색된 지우개

다음 날 선생님이 보셨다
혼났다
다음에 염색할 때는 지우개도 하얗게 만들어야지

계단

최지수

윤사*에서 들었던 내용이 생각난다
이기불상리 이기불상잡
논리적으로 분리되어 있지만
물리적으로 떨어질 수 없는
이와 기

내가 밟고 있는 너는
헬스장에 있는 천국의 계단이냐
아주 등이 흠뻑 젖는다
힘들어 죽겠다

. . . .
* 윤사: 윤리와 사상 수업

아니 의자인 것 같기도 하네
쉬기 딱 좋다

너랑은 분명 떨어져 있는 것 같은데
왜 항상 붙어 있나

뭐 이런 희한한 관계가 다 있지

불확실

최지수

나는 항해하고 있어
한 치 앞도 모르는 이 넓은 바다에
보물을 찾기 위해

네가 무슨 항해냐
그걸로 먹고 살 수는 있을 것 같냐

몰라 나도
이 불확실한 바다에 익사 당할지 모르지
물자가 모자라 해골이 될지도 몰라

그래 갈비뼈가 시리긴 해

불안이 없는 건 결코 아니야
하지만 나는 기꺼이 해적이 되겠어.

문제집

최지원

너는 참 어려워
너는 참 복잡해

마치 내 인생처럼
너도 좀 쉬워져 주라

그럼 내 인생도 조금은 쉬워질 것 같은 느낌이 들어

애호박밭

추서연

밭은 달팽이에게
애호박으로
먹이를 주었다

애호박의 잎으로
억센 비로부터 보호해 주었다

어느 무더운 여름날
애호박밭은 사람으로 가득 찼다

사람들은 애호박 하나 남기지 않고
모두 수확해 갔다

애호박밭에는 더 이상 애호박이 남아 있지 않았다

그리고 이어진 따스한 가을날
달팽이는 굶어 죽었다

밭은 더 이상 애호박을 키울 수 없었다

덩굴의 잎이라면

추서연

어디서부터 시작했을까
어디로 가고 있을까

너에겐 무서운 바람이 불었다

넌 위태롭게 떨어질 듯
벽을 세차게 붙잡겠지

시원한 바람이 불었다

난 붙잡고 있던 것을
다 놓아버리겠지

줄다리기

주상민

이상하다

언제부터 나는 줄을
당기지 않고 휘둘렀을까

어찌 쓰던 같은 줄에
작품을 새기려다

가장 이상적인 형태와
소름 끼칠 정도로 아름다운 선율에

함께 울고 나왔다
훗날 그걸 선(善)이라 생각하였다

一路

주상민

나는 나에게 너는 너에게
이렇게 통하는 길이 있을까

벅차오르는 이 느낌이
너는 알까

이 감정을 자세히 표할 수 있을까

현과 현이 비벼지며 꼬이며
음율이 만들어져
합주를 이뤄내

여러 상황이 엮여
엮이고 엮여

하나의 길이 될까

一路

滿開

주상민

차가웠다

나는 봉오리져
그 속에 있었다

편했다

그저 받는 것에
익숙했기에

터졌다

이제는 시기가
도래하였기에

이제 태어나야지
새로운 시를 써야지

새로운 설화를 써 나아가는

生日

에필로그

불확실한 바다 위에서 기꺼이 자유를 항해하는 해적처럼

송수현
(강동고등학교 학생)

1

시집에 대한 비평을 써달라는 부탁을 받았을 때 조금 망설였다. 결국 수락하긴 했지만 막막했다. 소설도 아니고 시에 관한 비평이라. 참고용 시집 외에도 도서관을 찾아 여러 시집의 해설이나 발문을 뒤져보았다. 보통 한 시인의 작품들을 모아 시집을 편찬하고 그 시인이 주변인에게 발문을 부탁하거나 그것이 어려운 경우 엮은이가 해설이나 발문을 작성했다. 작성자들은 그 시인을 동경하거나 이해했다. 나는 시를 쓸 때도 볼 때도 시가 마냥 어렵게 느껴졌다. 누군가의 마음을, 누군가의 인생을 담기에 시는 너무 짧다. 고작 시 두세 편으로는 아이들의 인생을 내가 이해할 수 없다. 난 내 감상이 그저 초라하게 남을 거라 생각했다.

> 때는 국어 시간
> 나보고 시를 쓰라 카네
> **시 그게 뭐고 먹는 거가**
>
> 점점 마감 시간은 다가오고
> 재촉이 시작되니 완전히 돌아버리겠네
> 시 그게 뭐고 내가 아는 시라고는
> 낚시, 메시밖에 없는데
>
> ─「시가 뭐고」김지웅, 전문

웃음이 터졌다. 지나치게 솔직한 시가 순식간에 미소를 번지게 만들었다. 시가 뭔지도 모른 채 시를 쓴 것조차도 아이만의 반짝임으로 다가온다. 시를 마음껏 폭식하고 나서야 깨달았다. 아. 마음을 담을 필요 없구나. 인생을 담을 필요 없구나. 그저 인생 일부의 일부를, 그 일부를 구성하는 기분만 담겨도 우리는 시라고 부르는구나. 그저 이름만 아는 이 시의 주인에게 전한다. 내 감상을 그저 초라한 발버둥이 아닌 함께 뛰어노는 어린아이의 발장난처럼 만들어 주어 고맙다고. 이 시집을 접한 누군가도 내가 아이들에게 받은 풀 내음을 잘 가져가기를.

2

과거에야 교복이 셔츠와 조끼, 재킷으로 고정되어 있었지만 요즘은 생활복이라고 불리는 옷들이 사실상의 교복이 되었다. 하지만 아이들은 톡톡 튀는 색보다는 검고 하얀 흑백 계열 색상의 옷들을 좋아했다.

그걸 보며 아이들이 똑같이 무채색의 상상을 이어가지 않을까 했다.

> 자신만의 색이 없음에 아쉬워하지 말자
> 투명하다는 것은
> 많은 색을 품고 있다는 것
>
> 타인의 빛남만을 바라보지 말라
> 빛의 시선은 당신을 향해 있고
> **이미 당신은 보석보다 빛난다**
>
> - 「물방울」 오가은, 전문

아이들은 시를 통해 자신의 색을 드러냈다. 평소에 검은 것을 사랑하던 건 자신의 색을 더 빛나게 보여주는 검정이라 사랑했던 걸까. 평소에 하얀 것을 사랑하던 건 자신의 색을 서슴없이 칠할 수 있는 하양이라 사랑했던 걸까. 길가의 돌멩이처럼 어딜 가든 보이는 것이 학생이고 사람이지만 돌멩이는 저마다 다른 모양을

지니고 있고 그것은 사람도 마찬가지였다. 위의 시는 시를 읽는 독자 또한 빛난다는 것을 알려주었다.

　매일 아침 검은 후드를 눌러쓴 학생들이 개미 같다고 생각한 적이 있다. 누군가는 무표정하게 계단을 오르고 있었고 누군가는 전날의 여운으로 잠에서 깨지 못해 눈도 못 뜨고 있었다. 매 순간을 이렇게 열심히 살아가는구나, 언젠간 세상에 내비칠 자신의 빛을 저 검은 후드 속에 숨겼구나. 너무도 소중해서 숨겨놓았던 거구나. 단점을 깎아내리기 바쁜 사회 속에서 서로의 빛을 찾아주는 일이 얼마나 기쁜 일인지 모른다.

3

나는 항해하고 있어
한 치 앞도 모르는 이 넓은 바다에
보물을 찾기 위해

네가 무슨 항해냐
그걸로 먹고 살 수는 있을 것 같냐

몰라 나도
이 불확실한 바다에 익사 당할지도 모르지
물자가 모자라 해골이 될지도 몰라

그래 솔직히 옆구리가 시리긴 해

불안이 없는 건 결코 아니야
하지만 나는 기꺼이 해적이 되겠어

- 「불확실」 최지수, 전문

    땅 위의 강도는 도적, 산 위의 강도는 산적, 바다 위의 강도는 해적이라 부른다. 하지만 위의 시 속 해적은 단순히 바다 위의 강도를 말하는 것은 아니다. 푸르고 광활한 바다를 누비는 여행자 중 하나다. 바다를 누비는 건 해적뿐만이 아니라 항해사도, 어부도 있다. 하지만 어부는 물고기라는 목적을 가지고 바다로 나서고 항해사는 승객과 화물을 운송하기 위해 바다로 나선다. 이들 중 가장 자유로울 수 있는 건 해적이다. 위의 시는 안정성이 어느 정도 보장된 어부와 항해사라는 길을 두고 자신이 할 수 있고 하고 싶은 길을 선택했다는 것을 해적으로 나타낸다.

'네가 무슨 ~냐?', '그걸로 먹고살 수는 있을 것 같냐?'는 나뿐만 아니라 많은 사람이 들어봤을 말이다. 무시의 의미도 있지만 우리가 조금 더 풍족한 삶을 살기를 바라는 누군가가 해준 말일 수도 있다. 그런 걱정에도 우리는 자유를 갈망한다. 우리는 불확실한 바다 위에서 기꺼이 자유를 위해 해적쯤은 될 수 있었다.

4

글은 참 신기한 놈이다. 남이 썼지만 내 경험을 떠올리게 하고 그에 대한 감상을 주절주절 늘어놓게 한다.

그러다가 직접 써보고 싶게 만들어 열여덟의 소년·소녀들을 연륜 있는 어른으로 만들어 주고 여든하나의 노인을 소년·소녀의 시절로 보내준다.

선풍기에 아-
날개에 흔들리는 목소리에는
방방거리는 즐거움이 얹혀 간다

양옆으로 고개 돌리는
선풍기를 따라간다
시원한 바람을 따라
와다다

그건 단지
다섯 살짜리 아이

선풍기는 고개를 저었고,
가벼운 것들을 날리기만 하였다

-「지금의 나」홍재훈, 전문

어릴 때 고작 과자 몇 개 때문에 욕심 가득하게 울어본 기억이 있다. 그 과자 몇 개가 뭐라고 그렇게 울어댔는지 지금 생각해 보면 이해할 수가 없다. 위의 시 또한 그랬다. 선풍기 고개 돌아가는 게 뭐가 그리 재밌었는지, 선풍기 앞에서 입 벌리고 소리내던 것에 뭘 그리 깔깔거렸는지 이해할 수 없다. 지금의 나는 그때를 그저 좋은 추억으로 기억했다. 당신이 기억하는 그때는 어땠을까. 위의 시는 당신을 '그때'로 보내준다.

5

시를 쓰고 출판하는 과정에서 아이들은 시를 몇 번이고 고쳤다. 처음에는 한순간을 넘기기 위한 작은 행위였을지 몰라도 세상에 시집을 내놓는다는 것을 실감하는 순간 아이들은 시를 갈고닦았다. 많은 시를 쓰지 않았다. 두세 편의 짧은 시들을 스스로 읽고 또 읽으며 고쳤다. 아이들은 이런 시집을 통해 세상에 무엇을 전하고 싶었던 걸까.

사랑을 전했을까

웃음을 전했을까

지식을 전했을까

아무것도 없었을까

떠돌다 버려졌을 때

그는 읽히고 버려졌을까

-「인생」장정은, 부분

 그렇다면 이 시집을 접한 이는 무엇을 얻어 갔을까. 아직 더 어린아이라면 배움을 얻어 갔으려나. 또래 아이라면 공감을 얻어 갔으려나. 결국엔 또 다른 아이였던 어른이라면 추억을 얻어 갔으려나. 배움을, 공감을, 추억을. 너무나도 당연한 걸 놓친 채 살아가고 있는 당신들에게 선물한다. 이 시집이 큰 위안을 주진 못해도 내일을 살아갈 작은 원동력이 되기를 바란다.

꿈이 깃든
별빛

초판 1쇄 발행 2025. 1. 27.

지은이 강동고등학교 학생들
엮은이 전윤정 선생님
펴낸이 김병호
펴낸곳 주식회사 바른북스

편집진행 황금주
디자인 이강선

등록 2019년 4월 3일 제2019-000040호
주소 서울시 성동구 연무장5길 9-16, 301호 (성수동2가, 블루스톤타워)
대표전화 070-7857-9719 | **경영지원** 02-3409-9719 | **팩스** 070-7610-9820

•바른북스는 여러분의 다양한 아이디어와 원고 투고를 설레는 마음으로 기다리고 있습니다.
이메일 barunbooks21@naver.com | **원고투고** barunbooks21@naver.com
홈페이지 www.barunbooks.com | **공식 블로그** blog.naver.com/barunbooks7
공식 포스트 post.naver.com/barunbooks7 | **페이스북** facebook.com/barunbooks7

ⓒ 강동고등학교 학생들, 2025
ISBN 979-11-7263-944-0 03810

•파본이나 잘못된 책은 구입하신 곳에서 교환해드립니다.
•이 책은 저작권법에 따라 보호를 받는 저작물이므로 무단전재 및 복제를 금지하며,
이 책 내용의 전부 및 일부를 이용하려면 반드시 저작권자와 도서출판 바른북스의 서면동의를 받아야 합니다.